Delacroix *1869 (Février 22)*

AF358371

VENTE *Bouruel - Aubertot*

DU LUNDI 22 FÉVRIER 1869

TABLEAUX

ANCIENS ET MODERNES

STATUE EN MARBRE

PAR CLÉSINGER

HOTEL DROUOT, SALLE N° 8

Me BOSSY	M. DURAND-RUEL
COMMISSAIRE-PRISEUR	EXPERT

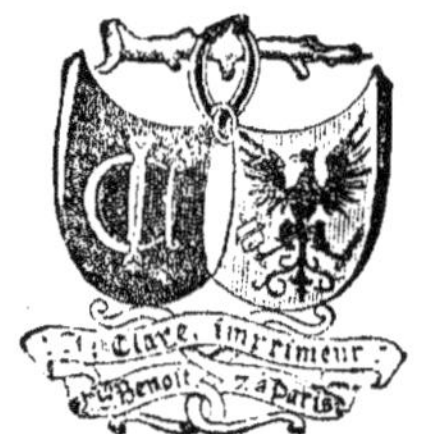
Claye, imprimeur
r. Benoît, 7, à Paris.

VENTE APRÈS DÉCÈS DE M. ***

D'UNE

COLLECTION

DE

TABLEAUX ANCIENS

ET MODERNES

LA

FEMME AU SERPENT

STATUE EN MARBRE PAR CLÉSINGER

DONT LA VENTE AURA LIEU

HOTEL DROUOT, SALLE N° 8

Le Lundi 22 Février 1869, à 3 heures précises

EXPOSITIONS

PARTICULIÈRE, le Samedi 20 Février

PUBLIQUE, le Dimanche 21 Février

DE 1 A 5 HEURES

Me BOSSY	M. DURAND-RUEL
COMMISSAIRE-PRISEUR	EXPERT
122, rue Montmartre.	1, rue de la Paix.

1869

CONDITIONS DE LA VENTE

Elle sera faite au comptant.

Les adjudicataires payeront cinq pour cent en sus des enchères, applicables aux frais.

DÉSIGNATION

TABLEAUX MODERNES

BONVIN

1. — Les Apprêts du dîner.

H. 53 c.; L. 37 c.

CABAT

2. — Chasseresses; paysage.

Salon de 1867.

H. 80 c.; L. 120 c.

CHARLET

400   3. — L'Antiquaire.

H. 45 c.; L. 37 c.

DAVID

700   4. — Portrait de Lepelletier de Saint-Fargeau.

Dessin à la plume.

H. 30 c.; L. 25 c.

DELACROIX (Eug.)

14.500   5. — Médée.   *(l'Oudière ? p°. tableau.)*

H. 130 c.; L. 98 c.

DELACROIX (Eug.)

22.100   6. — Mirabeau & le marquis de Dreux-Brézé.

H. 79 c.; L. 102 c.

DELACROIX (Eug.)

7. — La Mise au tombeau.

H. 37 c.; L. 46 c.

DELACROIX (Eug.)

8. — Don Quichotte.

H. 40 c.; L. 31 c.

DUPRÉ (Jules)

9. — Souvenir de Picardie.

H. 35 c.; L. 45 c.

FICHEL

10. — Partie de cartes.

H. 21 c.; L. 26 c.

GÉRICAULT

11. — Napoléon & Berthier.

H. 45 c.; L. 58 c.

INGRES

12. — L'Iliade.

H. 59 c.; L. 52 c.

INGRES

13. — L'Odyssée.

H. 59 c.; L. 52 c.

ROUSSEAU (Théodore)

14. — Rivière dans le Berry.

H. 40 c.; L. 62 c.

ROUSSEAU (Philippe)

15. — Lapins.

H. 27 c.; L. 34 c.

ZIEM

16. — Vue de Venise.

H. 41 c.; L. 45 c.

TABLEAUX ANCIENS

HONTHORST

17. — La Guitariste.

H. 80 c. ; L. 64 c.

JORDAENS

18. — Le Gâteau des rois.

(Vente Pommersfelden.)

H. 262 c. ; L. 283 c.

NETSCHER

19. — Portrait d'homme.

H. 50 c.; L. 43 c.

PARROCEL

460 20. — La Fausse Ambassade.

H. 87 c.; L. 175 c.

VAN GOYEN

1. 70 c 21. — Ville hollandaise; bords de rivière.

H. 78 c.; L. 118 c.

VAN GOYEN

500 22. — Château & Moulin au bord d'un canal.

H. 87 c.; L. 76 c.

VARENDAEL

500 23. — Bouquet de fleurs.

H. 48 c.; L. 40 c.

ÉCOLE FRANÇAISE

360   24. — Nature morte.

H. 72 c. ; L. 90 c.

540   25. — Récréation champêtre.

H. 64 c. ; L. 54 c.

ÉCOLE FLAMANDE

26. — Le Bon Samaritain.

H. 58 c. ; L. 51 c.

27. — Intérieur flamand.

H. 56 c. ; L. 58 c.

28. — Le Roi de la fève.

H. 46 c. ; L. 61 c.

29. — Intérieur de cabaret.

H. 43 c.; L. 57 c.

STATUE EN MARBRE

PAR CLÉSINGER

30. — La Femme au serpent.

L. 55 c.; H. 45 c.; Long. 185 c.

PARIS. — J. CLAYE, IMPRIMEUR, 7, RUE SAINT-BENOIT. — [138]

www.ingramcontent.com/pod-product-compliance
Lightning Source LLC
LaVergne TN
LVHW010849180726
843502LV00009B/3795